AF287571

PASKAN HERKKYYDESTÄ

Omistettu Inkerille.
Erityiskiitos Jarnalle.

Mikko I. Pekkola

Paskan herkkyydestä

runoja

© 2014 Mikko I. Pekkola
mikkopekko@gmail.com

ISBN 978-952-286-929-6

Kustantaja: BoD – Books on Demand, Helsinki, Suomi
Valmistaja: BoD – Books on Demand, Norderstedt, Saksa

Teksti ja piirrokset: Mikko I. Pekkola
Taitto ja kannen suunnittelu: Juha Granberg
Takakannen valokuva: Joonas Lumpeinen

Elipä kerran Kangasalla harvinaislaatuisen pahapäinen hiisi. Hän oli luonteeltaan umpimielinen ja viinaanmenevä. Eräänä kauniina kesäpäivänä, juopoteltuaan kaksi viikkoa putkeen, hän kiipesi Kangasalan korkeimmalle kukkulalle, vaipui psykoosiin ja pani mäntänsä laulamaan. Syntynyt kuilu oli niin syvä, että se olisi ulottunut Kiinaan, mikäli Kiinan olemassaolo olisi tuolloin tiedostettu. Todellisuudentajun asteittain palatessa hiisi alkoi nähdä työnsä tulokset.

"Varsin pätevä kirnuksi", hän kehaisi. "Taidanpa asettua siihen asumaan."

YHTEISKUNTAPUNKKIA

sain kutsun yhteiskunnalta, mä muutuin jäseneksi
yhteiskunta ryyppäs, minut amputoitiin pois
miks asiat on helppoja kun vaikee olla vois
mätänin, kompostoiduin
(tulin onnelliseksi)

räkäräkäräkäräkäräkäräkäräkärää
räkäräkäräkäräkäräkäräkäräkärää

yhteiskunta punkkaili minun vuoteessani
yhteiskunta nyppi, minä potkaisin sen pois
miks jatkuvat helppoudet onnen meille tois
mätänin, kompostoiduin
(tulin onnelliseksi)

räkäräkäräkäräkäräkäräkäräkärää
räkäräkäräkäräkäräkäräkäräkärää

koko vitun maailman murheet minun harteillani
Olka meni rikki ja se amputoitiin pois
auta sinä Olkaa, lainaa sille harteitasi
maailma rakas meille jälleen vaikee olla vois

räkäräkäräkäräkäräkäräkäräkärää
räkäräkäräkäräkäräkäräkäräkärää

(räkää kaikki tyynni)

virkamies, oi miehein mun
silmiisi sun hullaannun

oot ihminen, voit kääntää pään
vaan silmiis tuijottamaan jään

miehen virka on tangoissa
se on paljas ja koskematon
voit tangasi hanuriis työntää - -

julman tangos tahdis' tanssi en

pikku Hiljanen - oliks se taas ääliö
pikku Hiljanen - eiks se taaskaan tajunnut
pikku Hiljanen - reppu selkään, selkä suoraks
huomenna on uusi päivä

pikku Hiljanen - nousee jakkaralle
pikku Hiljanen - ei se muuten ulotu
pikku Hiljanen - ison maailman elämään
ja iso suora nöyrä olla osaa ei - -
tiedä mistä löytyisi hiljaisuus

Homo mediocris (tuskaa, aah)
Homo mediocris (tuskaa, aah)

ole hiiri hiirenhiljaa
ole hiljaa, mene hiljaa
muista nostaa häntä pystyyn, sillä sillä
säilyy tasapaino tällä
koko matkan kestävällä
trapetsillakävelyllä

pikku Hiljanen - yksin jakkarallaan
pikku Hiljanen - ilostako valunut
pikku Hiljanen - kun jakkara on kaatunut
vaan pieni jalka maata saata ei - -
tavoittaa, sielullinen hiljaisuus

Homo mediocris (tuskaa, aah)
Homo mediocris (tuskaa, aah)

kalliolle kukkulalle kiivetä jos uskaltaisin
kyntää kyisen pellon
kuilun sieltä löytää voisin, vihastuneen hiiden kirnun

vaan kylmä märkä kallio vois
jalan alta paeta pois

kalliolle kukkulalle kiivetä jos uskaltaisin
vastoin isän tahdon
liukastua kuiluun voisin, vihastuneen hiiden kirnuun

niin kylmä märkä kallio vois
elon ajaa pakoon pois

kalliolle kukkulalle kiivetä jos uskaltaisin
hälyttävän kellon
ohittaisin, saattaisin löytää jotain lisää
mutta mielen malli perustakseen kaipaa isää

ei liukastua parane ihmisen elämässä
usko pois se totuus on, on totuus kaikki tässä
johtaa kompuroimisiin vain tuijottelu taivaisiin
kuinka sitten välttyisin häpeältä tältä?
isän käsi mielen pienen säästää elämältä

olen hiljan menneen, vasta kuolleen
   (ti-ti-tii-di-di, ti-ti-tii-di-di)
limittynyt, sulautunut
   (ti-ti-tii-di-di, ti-ti-tii-di-di)
minut tehneen, ei suunnitelleen
   (ti-ti-tii-di-di, ti-ti-tii-di-di)
vesittynyt mukautunut

inkarnaatio, reinkarnaatio
inkarnaatio, reinkarnaatio

olen oman pääni vanki
   (ti-ti-tii-di-di, ti-ti-tii-di-di)
tutkinut, matkaillut
   (ti-ti-tii-di-di, ti-ti-tii-di-di)
itsepäinen kerberos
   (ti-ti-tii-di-di, ti-ti-tii-di-di)
pääni laskenut

inventaario, itseinventaario
inventaario, itseinventaario

minä olen insinööri
   (dee-ii-pee-lomi, dee-ii-pee-lomi)
minä keksin asioita
   (dee-ii-pee-lomi, dee-ii-pee-lomi)
olen valmistunut korkeasta
   (dee-ii-pee-lomi, dee-ii-pee-lomi)
punaristiopistosta

dee-ii-pee-lomi, mul on dee-ii-pee-lomi
dee-ii-pee-lomi, mul on dee-ii-pee-lomi

oli kerran kieltolaki, turvaksemme luotu
vaan rosvo keksi palvelun: kovaa ja kotiin tuotu
viksu keitti kiljua, "ei spriitä suuhun panna
paljon sitä parempi on luonnollista panna"

pahapahapahapahapahapahapah-hah-haa
pahapahapahapahapahapahapah-hah-haa

raha tuli raha meni kassaan rikolliseen
yhteiskuntaa alkoi ottaa päähän luonnolliseen
5, 4, 3, 2, 1, 0, 0
sitten sekos viimein Suomi-neidollakin polla
nosta veroo!
anna olla!
tiedä siinä miten olla
viinaa saa jo kolpakolla
kontrolli on valtiolla
pahapahapahapaha tarpeeks monta kertaa
ei kukaan pakkotoistamista tutkimuksiin - -
VERTAA-AA!

pahapahapahapahapahapahapah-hah-haa
pahapahapahapahapahapahapah-hah-haa

pahapahapahapahapahapahapah-hah-haa
pahapahapahapahapahapahapah-hah-haa

(mu-mutta entäs ne huumeet?)
PAHA!!

sylki suuhun toi, seinään lennäytti
vitun kuvan paikan poikainvessan seinälle osoitti
ehkä se auttoi pientä muistamaan
mistä poika isänkin on tullut aikoinaan

käsi tarttui pieneen mieheen, puristi
pienen synnintunnon miehen niskaan kuristi
ehkä se auttoi pientä muistamaan
kuinka silmä silmän silmästä voi saada suistumaan

pyyhi vitut mielestäsi, ole mielestäni aikuinen!
ole!
minä!
tämä!
tuo se!
ole!

ELÄMÄN KUVAT

I

ruohonne syön käskystänne
söisin käskemättäkin
lantanne luon käskystänne
loisin käskemättäkin

vaan jos lypsämästä lakkaan
lukeudun pohjasakkaan

tämän lehmä tietää mistä?
painajainen kivääristä
opin antoi elämistä
rinnan täytti hedelmistä

sorkallansa astuakaan
uskalla ei omaan kakkaan

kuvastasi navastasi
tossuistasi tassuistasi
kuihtuneista ruusuistasi
liimasit sen nahkaan

silmistäsi selässäsi
ässistäsi hassuistasi
laihtuneista aatteistasi
tatuoit sen pohjaan

tuohduit mulle tavastani
piitannut en ajastani

nainen
punainen
kaukana pieni

ääni hallitsee
silmä pettää
haukotuksesikin kantaa
torvea kohti valoa

NAINEN
PUNAINEN
kaukana pieni

opeta mut
naamioidu karttaan
tarkista
että opin tarkkaan

huiski mut
keppi viuhumaan
varmista että
saat mut oppimaan

koeta minua, koeta minua
koeta minua, koeta minua

naulitse mut
lyijykynin ristiin
varmista ettei
mikään mene mistiin

katson sua
katsot mua silmiin
kuuntelen sua
kumita mut pilviin

koeta minua, koeta minua
koeta minua, koeta minua

jääkö rako väliin?

ajanvaraus lenkiltäni
sätti: en harrasta liikuntaa
montaa rautaa poltan ketjuun
olin pudota penkiltäni
sanoin en liikuta haarniskaa
vaihdoin mukavampaan kledjuun
tapaamisiin taas

herra taisi taikansa
herra vietti aikansa
kuten häntä huvitti

ja vaikka kamara vietti
harvoin hairahtua tohti
harvoin myönsi että mietti
että jokin häpeällinen vietti
hänen huvejansa johti

ja aika vietti herransa
herra parhaan aikansa
huviksensa kuvitti

toukkana lävistit lasisen kaulan
tuoksu antoi viitteitä isästä
nyt et mahdu ulos sen sisästä
pelkäät sirpaleita

lounasaikaan lyömässä
menu: glia tai pari

rakensimme koneistomme
muodostimme oikeistomme
röökinnatsat pujotimme
toistemme vasempiin korviin

tartuit liike-elimeeni
horjuin hemaisevaan sfääriin

suollat silkkaa paskaa rakas
se on mulle kukkasia
vaikket mua huolis takas
multa et saa rukkasia
laita kätes minun käteen
sopii kuin nyrkki silmään
älä ala mulle päteen
johtaa mustaan päätelmään
sä et mua viilaa linssiin
naisena tiedän mitä te miehet olette

kun luulin olevani appelsiini
lohkoin kasvoni kuoriksi sinulle
kivisiksi vuoriksi jätit
tilkan puristettua mehua
verisellä lihalla

kun luulin kuulevani laulun
luovutti leskenlehden juurille
elinvoimansa sätkäntumppi
koiranpaskan painoarvoa
sulaneena pihalla

ihmisestä kasvoit, huuto

olipa kerran soluja
joilla oli muisti
musta ja rupinen oli niiden talo
minä olin sen kuisti
solussa asuu paino

savi pakeni altani
tukipilari luisti
se oli kuistin kohtalo
kuistin veteen suisti
solussa asuu vaino

kuisti itki veteen pinnan
punaisen kuin muisti
pinta jäätyi kaudeksi
savea jännitti leukosyytti
liukkaudestaan kuistia syytti
harhautti, pilarin mukana luisti
luistaessaan ehkä muisti
immuunikuorensa vieraille
penisilliinille
valkoisille

mutta imetyksi olet sinä tullut
imetyksi pitää sinun jälleen tuleman

kas kuisti muistaa kaiken
kaiken millä on paino
kuisti tuntee talon
jossa asui vaino

kuka rakensi talon?
talon rakensi raivo
kuisti oli raivon tulos
mutta löysi tiensä ulos

kuisti, tyhjä kaivo

Länsi-Venäjän kunnailla
sain, luoma, maistaa luojaa
Kalina neljätoist vee

nauliuduimme vuoteeseen
herra tietää, käytettyyn
Kalina neljätoist vee

sytytimme savukkeen
pyhän luojan luoman
Kalina neljätoist vee

halasimme toisiamme
halasimme aivan hiljaa
kauneutta ei voi ostaa
Kalina neljätoist vee

II

jumala on jätkäksi herkkä
kaihtaa tulimerta
kiertää aikamoisten päästä
mutta minullapa onkin huopainen hattu

jumalalle tuli skitsoaffektiivinen häiriö
persoonansa pirstaloitui miljardeiksi sirpaleiksi
ne repivät
laitoin jumalalle tekstarin, se kutsui mut kylään
se oli mielissään, kun joku kysyi: mitä kuuluu?

jumala oli kuullut kitkeriä ääniä
miljardit vain huutavat! se huusi
suoltavat kuin saatanat!
olkaa hiljaa!
antakaa minulle rauha!
tai jutelkaa edes vähän nätimpiä

sanovat minua nätiksi, sanoi
katsoisivat peiliin
kynnet käsitelty ainein
hammaskiille cumulusta
silkkoja pintoja hiomalla
vaalivat hirrestä versoa

kertoi olevansa väsynyt
pyysi minua poistumaan
toivotti, herrasmies, tervetulleeksi takaisin
kunhan on niistänyt itsensä kuntoon

hei! se huikkasi vielä mun perään
kiitos sulle ajastasi
aikojen päissä jo siintävät
huopaisten hattujen ajat

kyllä se vähän painoi mieltä

sarvikas, charmikas
töpselikärsäksi sanotaan

kiihoittamalla kiihoittaa kiihoittumaan saaden
persettä ja pillua niin että sattuu
mutta sitä sattuu

antaa tahdin kiihtyä vaan

noin sunnuntaina 17.2.
noin kello 16.50
kaksi sinitiaista paritteli ruskealla nurmikolla
luulisi munien vielä jäätyvän

tulkoon vaikka ydintalvi
kunhan kesällä säteilee
vain ivalaulaja voi tietää sen
maailma on sorkittu piloille

kapinani on laantunut
muttei tyrehtynyt
olenko siis nuori aikuinen?

niin kuin nuori
tekee kapinan
kapina
tekee nuoren

ja kun lakkaa tekemästä
niin loppu
on lähellä

liityin kalsarikerhoon

puhtaat kalsongit
kahden viikon välein
kotiin kannettuna

myin pesukoneen

Marialle.
Leidi-täti soittaa
(tuulessa ritisee, korvissa napsuu)
viulua tai torvea
(betoni murtui, vannon sen!)
nimettömän kieht
(kaunis ja jännittävä)
oo! DAAVIDIN OK.
(HISTORIAN KIRJOITTI HÄPEÄ.)
sanen kaunis

vasten vatsaa lepää lupaus
uudesta huomisesta
kuulen lävitsesi

KAIKELLA
RAKKAUD.

anna uusi huominen
ps. sie <3

Kun haistaa kättään masturboituaan krapulassa
alkaa tehdä mieli juustoa. Krapulassa tulee
usein masturboitua usein. Hiertymät peniksessä
ovat kivuliaita. Patja on kurja pestä ja siksi
en pese ja sekin haisee juustolle. Yksinhän
siinä krapulani vietän. Olen kusipää mutta se ei
häiritse ketään edellä mainitusta syystä. Sinä
pidät minua paskana, enkä aio väittää sinun
erehtyvän suuresti, mutta olet unohtanut paskan
herkkyyden: jäätyään yksin se kylmenee ja
kovettuu.

ylösalaisin käännetty sydän

on kaunis katsoa mutta
vielä kauniimpi koskettaa ja
se saa minut
tuntemaan omani
olemassaolon
pitkästä aikaa
ja sekin tuntuu
kääntyvän ympäri ja
tunnen liikettä
muissakin ruumiinosissani

ylösalaisin käännetty sydän

III

Mikä tahansa on hauskaa, kun se ei satu hauskuutuksen kohteeseen. Kerron esimerkin: miekannielijä. Jo lapsuudesta muistan, millaisen tunnekuohun valtaan jouduin nähdessäni miekannielijän. Puolialaston, rumahko ja karvainen mies työntää puolimetrisen teräaseen vartalonsa halki pystysuunnassa. "Uuuuuuh!", minä ulvoin hämmästyksestä. Pyhä haltioituneisuus pinnoitti minua kuin vaahterasiirappi kärpästä katsomon lattiassa hauskuutusnumeron viimeisen hetken loppuun saakka. Luonnollisesti en kuitenkaan toivo, että minun halki työnnettäisiin puolimetrinen teräase, mutta kun näen niin tehtävän toiselle, se luonnollisesti hauskuuttaa minua. Kaikki eivät kuitenkaan pidä miekannielentää hauskuuttavana. Subjektin hauskuuttavuus on riippuvainen objektin huumorikäsityksestä, joka yleensä rakentuu objektin sivistyneisyys- ja paremmuusluokan varaan. Jotakuta johonkin toiseen luokkaan kuuluvaa saattaa hauskuuttaa esimerkiksi homous tahi virtsankarkailu. Mutta odotas, kun jompikumpi edellä mainituista vaivoista tavoittaa objektin itsensä vähintäänkin välillisesti lähipiirin kautta koskettaen: voi sitä itkua ja hammastenkiristystä! Tähdennettäköön vielä, että edellä mainitun kaltaiset asiat eivät hauskuuta allekirjoittanutta. Jo sivistyneisyysluokkani puolesta tiedän, että toisen vajavuudesta hauskuuttuminen on perin alkukantaisten viettien ohjastamaa toimintaa, jollaisesta jokaisen sivistyneen ihmisen tulisi pyrkiä irtautumaan. Yhtä kaikki, teoria minkä tahansa hauskuudesta, kun se ei satu hauskuutuksen kohteeseen, tuli näytetyksi toteen.

Oletko koskaan ajatellut seksiä lapsen kanssa?
Minä olen. Ajattelen sitä nykyään enenevissä
määrin. En juuri puhu siitä ystävilleni, sen
ajattelemista ei pidetä sosiaalisesti
korrektina. Se on inhimillistä. Ymmärrän sen
ajattelemisesta lakiin säädetyn rangaistuksen.
Voisinpa peittää ajatukseni mustalla,
kaksiulotteisella asialla, joka päästää
yksinkertaista ja tasaista ylä-ääntä.

Liioitellun hitaasti avasin vetoketjun. Ujutin
käden sisään, tunnustelin hellästi niskaa,
olkapäitä ja nuoria, täyteläisiä rintoja.
Katsellessani hänen alastonta vartaloaan unohdin
maailman. Olemassa olimme vain minä ja hän. Hän
makasi selällään, hiljaa silmät ummistettuina,
niin puhtaana ja neitseellisenä. Kumarruin hänen
ylleen ja suutelin varovasti korvaa, nenänpäätä
ja huulia. Pitkä, rakastava suudelmani valui
alas pitkin kaulaa, pysähtyi hetkeksi vasempaan
nänniin, ja jatkoi sitten matkaansa kohti
oikeaa. Painoin kasvoni hänen jalkoväliinsä ja
hengitin syvään. Tuoksukin oli puhdas. Kieleni
työntyi ulos suusta kohti ulompia häpyhuulia,
kosketellen niitä kevyesti, kierrellen,
kaarrellen, tutustuen julkisivuun ennen sisälle
menoa. En koskaan käyttänyt kondomia. Kondomi on
panssarilasi kahden ihmisen välissä. Vaikka on
kiinni toisessa, ei kuitenkaan oikeasti kosketa.
Rauhallisesti työnnyin hänen sisäänsä ja
rakastelin häntä koko sydämeni pohjasta ja
tunteideni voimasta, pitkään ja useita kertoja
peräkkäin.

Katsoin häntä silmiin. Häntä tultaisiin
noutamaan puolen tunnin päästä. Tiesin, että
emme enää tapaisi, ja tiesin, että minun tulisi
häntä ikävä. Suutelin häntä hyvästiksi, suljin
pussin vetoketjun ja työnsin hänet kärryineen
takaisin kylmiöön.

Ihminen ei voi muuttua, koska se muuttuu koko ajan. Jos olet kerran humalassa, tulet aina olemaan humalassa. Kun veressäsi on alkoholia, eli olet akuutin myrkytystilan alainen, se kansanomaisen lupsakkaasti ilmaistaan niin, että olet huppelissa. Mutta koska ihminen muuttuu koko ajan, on selvää, että sellaisen ajan jälkeen, minkä huppelista toipuminen ottaa, et ole enää sama ihminen. Moni hius on katkennut, pari kudosta rappeutunut, yksi syntynyt, punasolu vaihtanut paikkaa valkosolun kanssa ja yksi harmaa hävinnyt näkyvistä tyystin. Et ole enää se ihminen, joka olit akuutin myrkytystilan alaisena, joten se sinä, joka oli humalassa, ei ole selvinnyt, koska sitä ei enää ole, ja sinä siinä olet selvin päin. Ja koska ihmisen jatkuva muutos estää ihmistä muuttumasta, rakastan sinua juuri nyt ikuisesti. Tästä voimme vetää johtopäätöksen: ihminen ei voi muuttua, koska se muuttuu koko ajan.

Otsan ryppyisyyden määritelmä on riippuvuus-
suhteessa otsanahan kantajan nahanalaisiin
ominaisuuksiin. Esimerkiksi voimme olettaa
kantajan, jonka otsanahka on todella rypyssä.
"Onpa meillä siinä todellinen kurttuotsa",
ajattelemme, mutta samalla unohdamme ottaa
huomioon otsanahan kurttuisuuteen mahdollisesti
vaikuttavat tekijät, kuten otsanahkaa kannattavan
luukerrostuman pintamuodostumien vaikutukset.
Voihan olla, että kantajan otsanahan kurttuisuus
tässä esimerkkitapauksessa johtuu yksinkertaisesti
kantajan otsaluun pyykkilautamaisesta rakenteesta.
Olisihan kohtuutonta tällöin syyttää kantajaa
hänen kurttuotsaisuudestaan, koska otsaluun
rakenne ei lukeudu niihin ominaisuuksiin, jotka
kantaja voi tiedostaen asettaa tahtonsa alaiseksi.
Toiseen esimerkkitapaukseen kuvittelemme suljetun
tilan, johon on sijoitettu sinun lisäksesi yksi
erittäin ryppyotsaisena näkemäsi henkilö. "Voi
elämän kevät!" parahdat. "Että minun pitikin
joutua tähän suljettuun tilaan juuri sinun,
maailman kurttunaamaisimman henkilön kanssa!" Omat
kasvosi punoittavat ja joudut ikään kuin haromaan
hiuksiasi piilottaaksesi otsallesi kierähtämään
pyrkivät hikikarpalot. Mieleesi ei kuitenkaan
pilkahda, että et ole ehkä kertaakaan elämäsi
aikana tullut piipahtaneeksi neurologisissa
tutkimuksissa, jolloin et voi sulkea pois
mahdollisuutta, että kokemuksesi kanssaolijan
kurttuotsaisuudesta aiheutuu piilevän epilepsiasi
aiheuttaman näköhäiriön aikaansaamasta harha-
vaikutelmasta, ja näin näkemyksesi henkilön
kurttuotsaisuudesta perustuukin tyystin omaan
vajavuuteesi. Nyt ymmärrät, että suora
avautumisesi kanssaolijallesi on saattanut loukata
ja vaurioittaa häntä syvästi, joten ymmärtänet
myös pyytää häneltä anteeksi. Joka tapauksessa,
välttääksemme näitä kiusallisia sekaannuksia
jatkossa, ehdotan, että perustamme työryhmän
selvittämään mahdollisuutta määrittää henkilön
ryppyotsaisuuden aste vertailulukua apuna käyttäen
ja aina laajempiin tutkimuksiin pohjaten. Onhan
sanomattakin selvää, että henkilöiden luokit-
teleminen pintapuolisiin havaintoihin perustaen on
pidemmän päälle täysin kestämätön ratkaisu.

MAAILMA ON MINUN PÖYTÄNI

mä ja muut
muu muu muu
se oli panssaroitu se mersu
kun eilen ajelin raittia

sä se tuut
tuu tuu tuu
kastui miehen mieli ja virsu
itsenäisyyttäni muistutan kaikkia

istun, kadun, en
hieman palelen

lahjahevonen
hotkaisi nenäänsä sen
pulverin valkoisen
ja oota kun pieraisen

ja jatkan sitten juttua
jokos tunnet tuttua?
no minähän se tässä jauhan
kouraani otin hopeakauhan
joka suussa tulin ulos
kaappiutumiseni syy ja tulos

sisäisen kyyni vain päästin pihalle
sisäistin tarpeeni verelle ja lihalle

vitun pässi virtaheikki
jännä se oli se eilinen leikki
luulin ettet ollut feikki
vaan levinnyt oli omakin meikki

pääsitkö eroon huumehista
no eläminen on luulemista
ethän minulta tarvitse lupaa
arvaa mitä kaipaan, punaista tupaa

en jaksa kuunnella paskasi rutinaa
joka saatanan päivä sitä saatanan jupinaa
beibi, meillä ei ole enää sutinaa

itse et tiedä, mitä ajat takaa
multa vittu kysyt että vedänkö taas kamaa
enpähän sano tähän enää montaa sanaa

kaikkeus on suurta –
henkistä lamaa

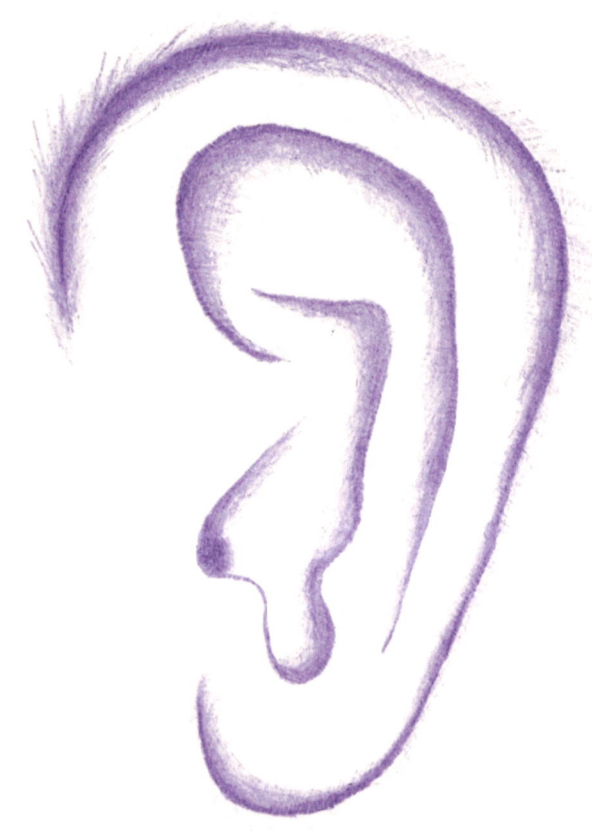

minä en petaa enkä makaa

jättimäinen viikate
korkeus metri ja kakskytviisi
ihmismassaan kiisi
kävi monen kalpaten
jäi sadasta tuskin viisi

nämä pienet ihmiset
ymmärsivät tuulettaa
vikattimen mentyä vasta
ja niinpä pienet kätöset
työtä olivat täyteiset
vaan duuni oli tuttua
ei mitään paskahuttua
sen kuin puski lasta

sammunut ei ihmisrotu
suuremmaksi kehittyi
pienuutensa huomaaminen
evoluutiossa myi

teki pienet miehet, naiset
ihmisestä uuden suuren
hyödynsivät tilaisuuden
luoda maailman ihan uuden

vaan kerran ampui taas eräs herra
melkoisia räkäpäitä
seurauksena melkoinen katras
melkoisia reikäpäitä
pian olivat ihmiset
jälleen entisenlaisia täitä
suunnitelmat ovat näitä

ei viiksetkään onnistumista takaa

jeap, rintasi ovat kauniit
silmäsi ovat täydelliset
me molemmat olisimme valmiit
voisimme olla onnelliset
miksi tyrkytät itseäsi? noup.

tiedätkö vielä
kuinka suusi panisit
minä poika tiedän
ja minä poika panisin

me palaamme rikospaikalle
paikalle tiedän nimen, kaunis
maalaamme siihen enkelin

kaunis Medicine

ulos tulleen sperman määrä
ylitti siittimeni tilavuuden
itse olet vanha jäärä
jos kyseenalaistat mahtavuuden
äsken tekemäni asian
se oli kaikki
täytin rasian

mikä oli asia?
hedelmäisiä pipanoita
Puuha-Pete -rasia
väität että sekoitan asioita
mixei se totta olisi
hei beibe vähänkö kolisi

vakosi sametti oli mustaa
takkini kantaa muiston sen
baari oli Kustaa
Kustaa Kolmonen

kävelin ohi, hipaisin tukkaa
ympärileikattu on kuin hienojakoista nukkaa
katsoin sinua tyhmää rukkaa
sinä vastasit katseeseen

minä istuin, minä istuin
heinikkoon tai sateeseen

musta on nainen
musta kuin makkara
tunnen minä Tampereen

äijän neiti tahtoo saada
ei mitään mikkihiirtä
joka tahtoo nähdä, siirtää
silmästäsi kartan piirtää

ole hyvä ja äijäsi kaada
joka on kanssasi jo samaa maata

hän on spurgu sinulle

huijaan sinua, taas on se pakko
muista se
muista se lepakko
saattaa olla ranskaa

Tuijaan minua, mielekäs pakko
se ei ole tanskaa
se on väsynyt mies
väsynyt hanskaan

sinä olet ilmainen, minä
viiksekäs ja limainen, olemme
luodut, toisillemme tuodut
ovat elimistömme
ovat tyytyväiset

pidä minua kasvina, matona
Aasiaa niittävänä katona
pidä minua uskovaisena
kusevana, paskovaisena
pidä minua perserakona
pyyhi minut hikiseen sukkaan
pidä minua, rauhassa vaan
ja jätä minut rauhaan

maailman kaikkien ongelmien juuri
on lajimme paskamaisuudessa

hyvään päivään mahtuu myös itku
katso, ettei se mene hukkaan

VIIMEINEN TIKKU

hei mutsi, onko kolmas maailmansota syttynyt?
hei mutsi, onko Marsin elämä jo löytynyt?

hullut nauraa mulle kun oon tanssahdellut Kaijakassa
pommikone loikkii yli kusilammikon

kahvihuoneen iltapäivä
Pitkäniemen sairaalassa

ei eläminen ole kiellettyä
ellei siksi miellettyä
ole mielivän puolesta

kaksi rumaa nukkelasta
tuijottavat toisiansa
keskellä meren likaisten nukkien
täpläisten paitojen, raitaisten sukkien
tyhjät hymyt ommeltuina
terveisiä nukkelasta
kannan nukkelasta

juomme viiniä
niin fiiniä
voi olla hämmennys
tyhjyyden täyttymys

johtaako se minnekään?
ei varmastikaan sinnekään
minä vain juon viiniä
se on elämää

kenen? en muista mutta
ei me aivan suotta
olla fiiniä
kun juomme viiniä

paljain jaloin Erkkilänsiltaa
sateessa, kesäistä myöhäisiltaa
kanssasi rakkautta laulamme kilpaa
sinä suloinen

joulupalloksi kirjovehkaan
kiipeät, vastata minä toki kehtaan
heittäydyn pisaraksi elämän virtaan
sinä suloinen

tähtitorniin kiipeämme
sieltäkö kauemmaksi näemme
vaikkemme kuulukaan toisillemme
sinä suloinen

autiotalon muisto kukassa
yksi niistä iti
Pispalan laskevan auringon valoon
kiipesit perääni autioon taloon
kiinni ottaa piti

autiotalon muisto kukassa
yhdeksättä sakaraa
valkeassa karvassa
autiossa talossa
kaksi ihmiskakaraa

kun lapsella on ikävä mammaa
ei se sille soita, vaan ottaa vähän gammaa
huutaa: voita, muumiäiti, leivälleni anna
huuto vaan ei omaa päätä pidemmälle kanna

se on tämä aika, viestimiä kaikkialla
itse viesti kadoksissa
tämän bittimeren alla

paskaako olikin meidän rakkaus
paskaako täynnä vain pienehkö pakkaus
luulin värin johtuvan lasista kun kruunu häikäisi

paskaa oli meidän rakkaus
paskaa täynnä pieni pakkaus
väri ei johtunutkaan lasista, kruunu sokaisi

otin kruunun pois
vielä epäilen

sinunhan on merkittävä
sydämeni paikka
miten merkittävä se on

sinä itse olet merkki
reikä sekä paikka
tee vanhanaikainen ja tee se
maskaralla vaikka

on keitettävä levoton
musta valuu taikka
punaisen on levittävä

hullu nuoruus, Inkeri
liukenin kuin sokeri
suoraan silmiesi eteen
niskaani kaadettuun kalseaan veteen
minä en muista mitään
sinä et ollut paikalla
mutta sinä näit minut

hullu nuoruus, Inkeri
sinä ja minä, sokeri
sulin silmiesi eteen
silmiesi suolaiseen veteen
minä en muista mitään
sinä et ollut paikalla
mutta sinä näit minut

saavuit, muistomme maalasit käteen
irroitit, vaikket tahtonut ketään
silloin samoin kuten minut

miksi hukkasin sinut

saavuit, muistomme maalasit käteeni
irroitit, vaikket tahtonut ketään niin
kuten minut silloin

miksi hukkasin sinut ja milloin

hullu nuoruus, Inkeri
miksi kaunis ei tulisi takaisin
onko se vielä vai menikö se jo
veden mukana silloin

hullu nuoruus, Inkeri
ei unohdeta sitä mutta tule, saatana, takaisin

miksei kauniskaan ole ikuista
kas, kauniskin arvotaan tikuista
silmäänsä saakoon ken ikuista kaipaa
tikuista pienimmän valinnutta
ei ikuisuus jaksaisi naurattaa

jää itkuisuus, leipäjonon kassillinen kauraa
voi saatanan saatana, vaan jotkut ne vielä nauraa

yksi pieni ranneliike viranhaltijalta
riittää viemään pienimmältä lattiankin alta

on kokonahkainen keinumekanismi
isomman ahterin alusta
on siinä komea, kromattu
kiiltelevä jalusta

rattoisa siinä on rallattaa ja runkata
päätöksiä siitä, ken saa sillan alla punkata

Kuvittelin kerran olevani niin pieni, että
mahduin selinmakuulle kellarissa olleen kirnun
pohjalle. Ryömin sinne vanhuuttaan haljenneen
pohjan rakosesta. Siellä oli pimeää ja siellä
haisi poikkeuksellisen pitkäksi aikaa keittiön
pöydälle unohtuneelta kuohukermalta. En
ihmetellyt hajua, vaikka en tiennytkään sen
syytä: kirnu oli aikoinaan poistettu käytöstä
väkivalloin, jolloin se oli jäänyt puolilleen
puolivalmista tuotetta. Käytöstä poistamisen
jälkeen kirnu oli haudattu puhdistamattomana
kostean kellarin uumeniin, muiden
vanhanaikaiseksi käyneiden asioiden joukkoon.
Ajan mittaan puolivalmis tuote kirnun sisällä
oli hapantunut, haihtunut, valunut ja kulunut
niin, että jäljellä oli vain haju. Haju oli
kuitenkin aina ollut kirnussa ja kirnu oli aina
ollut kellarissa, joten en kiinnittänyt siihen
huomiota. Tunsin selkänahassani puuhun
piintyneen kosteuden. Lahoava pinta tuntui
kuitenkin pehmeältä ja päätinkin asettua kirnuun
asumaan. Ajan mittaan minut unohdettiin kuten
kirnukin. Vaan sattuipa eräänä päivänä niin
hullusti, että kellarin viimeinenkin sopukka oli
täyttynyt käytöstä poistetuista asioista,
jolloin jouduttiin kohtaamaan se tosiseikka,
että kellari oli siivottava. Asia toisensa
jälkeen löysi tiensä pihamaan perällä
sijaitsevalle tunkiolle. Kului aikaa. Aloin
huomata, että olin valinnut asuinsijani
harkitsemattomasti. Lahoavan pohjan pehmeys ja
lämpö alkoivat sulaa tukahduttavaksi limaksi,
joka vaivutti minua sisäänsä, samaan aikaan kun
kirnun limaantuneet laidat lutristuivat ylleni.
Havahduin kuvitelmastani miehen karjuntaan. Oli
alkanut ukkostaa. Nostin hänet syliini ja
painoin hänen päänsä rintaani vasten. Jatkoimme
uniamme sohvalla, hiljaa toisiamme kuunnellen.

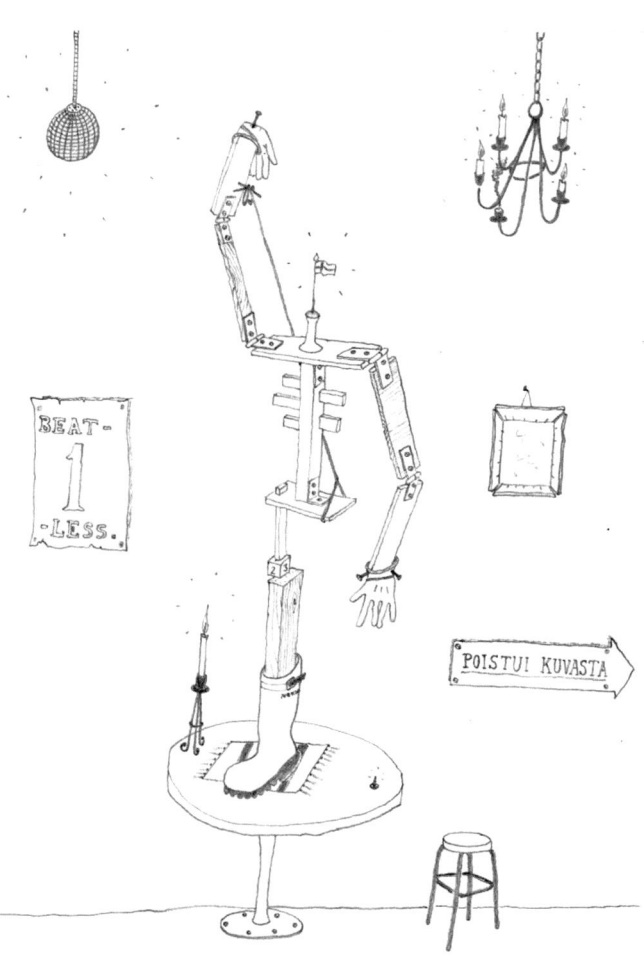

BEAT-
1
-LESS.

POISTUI KUVASTA